PÉTITION

adressée

Par M. BERTHAULT-GRAS, ancien élève de l'École Polytechnique,

A plusieurs Représentants de l'Assemblée nationale

et

au Président de la République Française.

MÉTAMORPHOSE DU TRAVAIL MENSONGER EN TRAVAIL VÉRIDIQUE, OU PASSAGE DU MALHEUR AU BONHEUR.

> « L'assemblée a vaincu l'émeute.—résisté au
> « socialisme,—promulgué la constitution. »
>
> (*Dupin*).

Couper le nœud n'est pas le dénouer.—L'assemblée n'a vaincu que par la force brutale, comme Louis-Philippe a vaincu l'émeute lyonnaise, et comme l'émeute parisienne a vaincu Louis-Philippe et Charles X,—mais elle n'a vaincu moralement ou CON-VAINCU ni l'émeute ni le socialisme.

Or, les victoires physiques non accompagnées de victoires morales sont toujours imparfaites, illusoires et temporaires; pour être parfaites, réelles et définitives, elles doivent être complètes, morales et physiques.

L'œuvre accomplie par l'assemblée nationale a laissé le monde dans les ténèbres et l'incertitude sur les questions pour la solution desquelles elle a été convoquée. Elle n'a constitué ni calme ni sécurité, ni crédit ni liberté, ni égalité ni fraternité réelles, ni bonheur; mais, avant de terminer sa carrière, elle peut encore tirer la France de l'abîme de misères où celle-ci s'est précipitée, et il y a urgence. — Berthault G.

MONSIEUR,

Je viens vous prier d'exprimer à l'assemblée

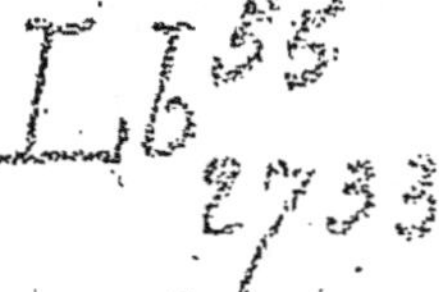

nationale, au gouvernement et à la nation (1) le vœu que je forme de les voir adopter une proposition à laquelle est attachée, selon moi, la fin des maux qui désolent la France et l'humanité.

L'adoption de cette mesure conduira directement et promptement à une ORGANISATION DU TRAVAIL de la presse conforme aux lois de la justice, de la vérité et de la moralité; et, cette *réforme* opérée, elle ne tardera pas de s'étendre à tous les travaux humains, ainsi que je le ferai voir ultérieurement.

Ma proposition consiste à astreindre les journalistes dits politiques, moraux et religieux, à insérer dans leurs feuilles, et au besoin dans des feuilles supplémentaires, les réfutations des doctrines qu'ils prêchent à leurs lecteurs, à la charge par les controversistes ou critiques, de rembourser aux journalistes les frais d'impression et d'envoi des susdites réfutations.

Il est peu de personnes, surtout dans les campagnes, qui soient abonnées à plusieurs journaux; et celles qui n'en lisent qu'un seul finissent presque toujours par en adopter les opinions : on peut les comparer à des juges qui, dans les causes à eux soumises, n'entendraient que l'avocat d'une partie en faveur de laquelle ils seraient déjà prévenus. Il est évident que ces juges donneraient généralement raison à l'avocat et condamneraient la partie adverse.

La plupart des directeurs, rédacteurs et actionnaires de journaux affichent de beaux, de nobles sentimens qu'ils n'éprouvent pas; ils se vantent de remplir un sacerdoce et de faire l'éducation politique des nations; mais ils ne font en réalité que des entreprises mercantiles; et au lieu d'*élever* les âmes, ils les *abaissent*, ils les avilis-

---

(1) Aux gouvernants et aux gouvernés qui se doivent une mutuelle assistance soit pour prévenir et, au besoin, réprimer tout ce qui est faux et injuste, – soit pour encourager tout ce qui est bon et beau, juste et vrai.

sent. Leur but principal est de gagner de l'argent et de conquérir, pour eux et pour leurs parents et amis, des positions élevées dans le gouvernement qu'ils envahissent de toutes parts. La cupidité et la vanité étant leurs passions dominantes, ce sont les personnages les moins propres à inspirer la confiance et à découvrir et pratiquer les vrais principes de la politique, de la morale et de la religion seules bases inébranlables du crédit, de la liberté et du bonheur.

On a déjà senti la nécessité de soustraire le public à leurs insinuations perfides ou calomnieuses, en les obligeant à insérer les observations des personnes dont ils font si souvent le sujet de leurs critiques; et l'on doit comprendre qu'il serait éminemment utile de prendre à leur égard une mesure analogue en faveur des principes politiques, moraux et religieux; les lecteurs et abonnés de chaque feuille seraient infiniment moins susceptibles de se laisser influencer par l'action délétère des principes qui y sont professés, si chacun était libre d'y combattre ces principes, et d'y faire ressortir d'une manière claire et précise leur fausseté, et les résultats désastreux auxquels ils conduisent les individus et les sociétés qui les mettent en pratique; et de plus cela permettrait à chaque homme consciencieux d'exposer ses propres doctrines gouvernementales et de les mettre en parallèle avec celles qui sont pratiquées, et qui sont impuissantes à nous donner la liberté et le bonheur.

De cette manière les individus, les sociétés et la nation entière seraient à même de juger, d'expérimenter les divers enseignements, et d'éclairer leurs suffrages et leurs opinions qui aujourd'hui sont complètement aveugles. Il suffirait d'un seul publiciste vraiment politique, moral et religieux pour illuminer la France et, par suite, l'humanité entière.

En supprimant et suspendant les plus mauvais journaux et en ne leur opposant que des obstacles matériels, on favorise le travail des sociétés secrètes ; on les pousse à *miner* et à ruiner moralement le peuple, et la ruine morale entraîne inévitablement la ruine physique ; comme l'*édification* et la bonne organisation animique et spirituelle déterminent la bonne organisation, la bonne *constitution* corporelle et matérielle.

« Au nombre et au rang des lois décorées du « titre de *lois organiques*, disait dernièrement le « journal *la Presse*, on a mis une loi sur la pres- « se. Eh bien ! qui empêchait depuis le 24 juin, « au lieu de présenter successivement trois lois « provisoires sur la presse, de faire tout de suite « une *bonne loi définitive*. » Je réponds que toutes les Chartes octroyées et les constitutions faites par et pour les peuples, aussi bien que les conventions, statuts et contrats faits par et pour les sociétés quelconques, commerciales, manufacturières, politiques, religieuses...... Tous renferment des lois, obligations, prescriptions, commandements, mesures plus ou moins arbitraires ; ces contrats et leurs réglements ne réalisent en aucune façon le bonheur que leurs auteurs ont eu en vue parce que l'humanité est dans les ténèbres au sujet de son PREMIER DEVOIR, la soumission aux prescriptions de sa conscience mûrement étudiée ; ou, ce qui revient au même, parce que l'humanité est égoïste, irréligieuse, *non conscien- cieuse.*

Le fait est que les moyens employés pour se garantir de la mauvaise foi et des vices actuels sont tous infructueux : les Français se sont pendant si longtemps laissé entraîner au mal, que les moyens de douceur et ceux de rigueur sont presque également impuissants à les guérir. Ils ne réfléchissent sur leur malheureux état que lorsqu'ils sentent l'épée de Damoclès suspendue sur leurs têtes ; ce n'est guère qu'avec des châtiments d'une extrême sévérité (page 17 1/3) que Dieu peut les retenir quelques instants dans des bornes justes, raisonnables. Mais les remèdes violents finissent par user le malade. Dès lors ils n'est pas aussi facile de faire une BONNE LOI DÉFINITIVE que M. de Girardin semble le croire. Pour cela il faut sortir des ténèbres où marche l'humanité ; il faut suivre la lumière intérieure que Dieu nous donne pour faire le bien et éviter le mal. C'est ce que je fais aujourd'hui en vous proposant une loi on ne peut plus favorable à la véritable émancipation de la pensée et de l'activité humaines ; et c'est ce que vous ferez, je l'espère, en la proposant à l'Assemblée nationale.

Son adoption serait d'autant plus heureuse qu'elle favoriserait on ne peut mieux l'étude et la pratique de la loi suprême de justice à laquelle Dieu lui-même obéit, et à laquelle il entend que ses créatures obéissent également, sous peine de se rendre de plus en plus malheureuses. Et c'est évidemment de cette dernière loi dont l'Assemblée nationale a voulu parler lorsqu'elle a reconnu des lois antérieures et supérieures, aux lois dites positives.

Quant à la mesure spéciale que je propose, son adoption aurait un résultat doublement avantageux : 1° elle rendrait les journalistes infiniment plus modérés, et les forcerait à examiner consciencieusement leurs enseignements, dans la crainte de les voir réfutés victorieusement devant leurs propres abonnés et lecteurs ; et 2° le pouvoir n'aurait besoin de recourir à la répression matérielle envers eux que dans le cas de refus ou de manque d'insertion, comme cela existe déjà pour les rectifications et les répliques des personnes citées dans leurs feuilles (1). Dès lors plus de sup-

---

(1) Au besoin main forte serait accordée à tout censeur bénévole qui éprouverait des obstacles à s'assurer par lui-même que ses insertions sont faites dans tous les exemplaires, et que ceux-ci sont bien expédiés à tous les abonnés. De plus les réfutations seraient toujours placées en tête du journal et imprimées en caractères choisis par le critique qui paierait l'impression.

Elles pourraient n'avoir qu'une étendue égale ou double des articles censurés ; mais le gérant serait astreint à dépo-

pression et de suspension, plus de cautionnement ni de censure arbitraire et tyrannique, plus de lois de Septembre. Le pouvoir n'aurait désormais à exercer qu'une répression spirituelle fondée sur ses sentimens de justice, de vérité et de moralité.

Tout être individu ou collection d'individus qui n'a pas foi en son savoir politique ne mérite pas de gouverner, et si le gouvernement actuel a foi dans ses doctrines, dans sa science, il se félicitera de pouvoir montrer aux personnes crédules ou abusées l'ignorance ou la mauvaise foi de ses adversaires. Et il atteindra le but que ses prédécesseurs se sont maintes fois proposé, lorsqu'ils ont formé le projet de créer un journal destiné à éclairer la nation, à faire son *éducation politique*, et à empêcher ou au moins à diminuer le mal produit par ceux qui faussent cette éducation.

Voilà le seul moyen de créer la vraie, la bonne liberté de la presse, car, ainsi que me l'a fait observer M. D. « aujourd'hui personne ne jouit de cette liberté, » celle qu'on possède est très imparfaite, et n'est favorable qu'aux mauvaises passions : chacun en effet a bien, jusqu'à un certain point, la faculté d'exprimer telle ou telle opinion, mais personne ne peut réfuter, devant qui de droit, les opinions qu'il croit mauvaises, et lorsqu'il en a de telles ou de douteuses, il n'a pas la facilité de les rectifier et de les éclairer. Les journalistes et les gouvernements eux-mêmes sont privés de cette faculté. Au surplus, et afin de

---

ser à la mairie et au bureau de poste de la localité – qui seraient tenus de la vérifier, – la liste des noms et adresses de ses abonnés. Chaque censeur bénévole pourrait ainsi en prendre des relevés et expédier lui-même, à qui bon lui semblerait, le complément de ses réfutations ou ses expositions de doctrines.

Au surplus, toutes autres mesures qui sembleraient meilleures seraient prises par l'Assemblée; celle-ci d'ailleurs laisserait au gouvernement le soin de les modifier dans le sens de la loi dont je m'attache seulement à faire saisir l'esprit.

mettre la loi à la portée de toutes les prétentions légitimes, les plus humbles et les plus élevées, on donnerait aux entrepreneurs de journaux la liberté de refuser les insertions dans le cas où ils déclareraient ne vouloir faire qu'une spéculation commerciale ou pécuniaire, et non se charger d'une fonction publique – de l'instruction et de l'éducation politiques des nations.

Dans ce cas la susdite déclaration serait placée en tête de ces journaux, défense même leur serait faite, de traiter les questions de doctrines politiques, morales et religieuses. De cette manière le pays ne serait plus trompé par eux, et, pour leur propre avantage et celui de tout le monde, ils perdraient la liberté, *la propriété mal-faisante* qu'ils possèdent et dont ils usent si largement aujourd'hui (page 17 1/7), seulement on les obligerait à payer patente comme tous les industriels de cet ordre.

Quant à ceux qui veulent enseigner l'art de gouverner, ils ne pourraient pas raisonnablement refuser; ils devraient même rechercher les réfutations éclairées, car leurs mauvaises passions seules auraient à en souffrir; et par conséquent la mesure serait favorable à eux-mêmes et à tout le monde. Mais ne demander à ceux qui se mêlent de professer le droit public, que des garanties, des cautions ou cautionnements pécuniaires, comme on l'a fait jusqu'à ce jour, cela est peu judicieux.

Il est évident que si la science des droits et des devoirs, – fondée sur la logique et l'expérience, et sans laquelle il n'est pas possible de bien gouverner, – si cette science était créée et divulguée, on pourrait, jusqu'à un certain point, se contenter de certificats émanés de ceux qui auraient donné des preuves non équivoques de capacité dans l'art gouvernemental. Mais aujourd'hui que chacun reconnaît l'ignorance de ceux qui ont essayé de diriger les peuples; aujourd'hui qu'il s'agit de découvrir la science politique ou seulement de la divulguer si elle existe quelque part ignorée et inapercue, il faut veiller à ce que toutes les opinions contradictoires soient mises en présence pour juger de leurs valeurs respectives, et faire en sorte que la plus grande loyauté préside aux débats qui doivent favoriser sa création ou son développement.

Un bon gouvernement se réserve toujours la construction ou au moins l'examen, puis l'entretien et la jouissance des principales voies de communication matérielle entre les villes et les campagnes; il les administre, les gouverne de manière à ce que chacun puisse avec sécurité se transporter où bon lui semble, et, moyennant salaire, transporter les voyageurs ainsi que les objets matériels destinés à leur usage. Dans ce cas l'argent employé de la sorte par le gouvernement profite aux contribuables, et ceux-ci ne regrettent pas les impôts qu'on leur fait payer pour cet objet. – Eh bien, il en doit être de même pour les faits de l'ordre spirituel : un bon gouvernement doit se réserver la gestion des principales voies de communication spirituelle, et s'arranger de manière à ce que les esprits puissent communiquer entr'eux : faire parvenir aux consommateurs et échanger avec les producteurs, leurs sentimens et leurs idées, leurs opinions et croyances, et ouvrir partout les meilleurs débouchés à tous les vrais progrès, à tous les bons perfectionnements.

Et de même qu'un gouvernement éclairé doit se charger de la police des routes et garantir le public de l'action des malfaiteurs; de même il doit se charger de la police spirituelle et garantir les esprits contre les mensonges et les charlatanismes sentimentaux et intellectuels. Il doit assurer partout la sécurité, la justice et la vérité, aussi bien dans les relations et échanges créés pour l'amélioration des âmes et des intelligences que dans les relations et échanges qui ont pour but le perfectionnement des corps et des sens.

Et maintenant est-ce à tort que j'attaque la presse? et elle-même n'a-t-elle pas le plus urgent besoin de *s'organiser*, de se *constituer* selon les lois de la justice et de la vérité? elle ne voit sans doute pas son avilissement et la nécessité de *s'élever* pour pour être à même d'*élever* la nation et l'humanité. Montrons lui donc son mal pour la disposer à accepter le remède; et, afin de me faire mieux comprendre, prenons des exemples.

Messieurs Proudhon, Considérant, Cabet et plusieurs autres rédacteurs de journaux veulent qu'on accorde à tous les français le droit au travail. Mais d'abord si ces MM. étaient de vrais publicistes, s'ils voulaient remplir dignement le rôle d'éducateurs et de conseillers politiques, ne devraient-ils pas spécifier d'une manière claire et précise, de quel travail ils veulent parler? car sans doute ils ne prétendent pas qu'on doive accorder la permission d'incendier, tuer, violer, frapper, et de voler ou de *s'approprier* des objets que d'autres ont créés. Ces travaux là doivent évidemment être défendus, réprimés même, et non garantis, ainsi que les œuvres qui disposent l'homme à se livrer à de pareils excès.

Et si ces actes, si ces *travaux* (1) doivent être réprimés par les *bons* gouvernants, par les vrais politiques, ceux-ci doivent en même temps favoriser et garantir les travaux qui ont pour but de DÉMASQUER et de faire connaître au public les pensées fausses et hypocrites, les opinions ou croyances erronées, fruits de mauvaises passions qui cherchent à se satisfaire et qui prédisposent l'homme aux détestables actions dont je viens de parler.

---

(1) Je peux bien me servir de ce mot pour qualifier de tels actes, car aujourd'hui la plupart des actions ne sont que des exactions; ou du moins elles ont pour but principal l'adoration du veau d'or et la satisfaction des mauvaises passions. Les civilisés *travaillent* généralement à conserver ou à *s'approprier* injustement les richesses matérielles extérieures, et ils pèchent incessamment contre la loi de justice et de vérité qui est écrite au fond de leur conscience et qu'ils ne veulent pas approfondir.

Voilà surtout les travaux qui demandent AS-SISTANCE, car ils intéressent les individus, les familles, les corporations, les nations. Et tout homme qui a le sentiment du bon et du beau, du juste et du vrai DOIT leur prêter son concours, car chacun est victime de la mauvaise foi, de la perte du crédit public et privé, du charlatanisme, des délits et crimes auxquels entraînent les œuvres d'égoïsme aveugle, de vanité, d'orgueil, de cupidité et de toutes les mauvaises passions.

Mais garantir le travail, comme le demandent MM. Proudhon, Considérant, Cabet, etc., sans établir de distinction entre le bon et le mauvais travail, entre les œuvres licites, approuvées par la conscience, par les bons et nobles penchants, – et les œuvres illicites, approuvées et dirigées par les mauvaises passions, – c'est maintenir les ténèbres et la confusion entre le bien et le mal, le beau et le laid, le vrai et le faux; c'est favoriser les actions viles et honteuses, c'est décourager et rendre mauvais les meilleurs travailleurs; et la demande de MM. Cabet, Considérant... aurait certainement été honnie par l'Assemblée entière, si celle-ci eut été éclairée.

Lorsque M. Proudhon dit que la propriété c'est le vol (c'est-à-dire le fruit du vol), son but principal – dont certainement il n'a pas conscience – est de faire partager au public ignorant son envie contre les possesseurs des richesses extérieures et de provoquer un remaniement général des fortunes, afin d'obtenir une meilleure part que celle qu'il possède aujourd'hui. Or, cette idée, qui prend sa source dans une foi exagérée au veau d'or, est une idée éminemment dangereuse, tant que l'éducation politique et morale de la nation n'est pas faite, et que celle-ci ne sait pas discerner le bien du mal; c'est une pensée qui charge et arme les fusils les uns contre les autres, et il n'est pas prudent de la laisser propager, tant que le public ne sait ou ne veut pas prendre la peine de distinguer et de classer les bons et les mauvais travaux , ou , ce qui revient au même, tant qu'il ne possède pas la solution de l'organisation du *travail véridique*. Quel travail en effet peut-on organiser si l'on ne sait pas discerner , chez soi et chez les autres, les bons et les mauvais travaux, et distribuer à chacun des peines et des récom-- penses proportionnées aux œuvres? quel travail l'homme peut-il CONSTITUER dans les ténèbres, ou lorsqu'il ne fait pas usage de la lumière inté-- rieure qui lui est donnée pour faire le bien, - pour bien travailler, - et pour éviter le mal, ou éviter de mal travailler?

Il est évident qu'il ne peut généralement faire que des œuvres défectueuses, des travaux qui portent le cachet de la faiblesse et de l'impuis-- sance.

Si les travailleurs consciencieux recherchent la lumière intégrale , morale et matérielle, les tra-- vailleurs non consciencieux recherchent générale-- ment une obscurité intégrale d'autant plus pro-- fonde que leurs actes sont plus en opposition avec leur conscience ; avec la loi suprême de justice et de vérité dont Dieu a tracé en eux les premières notions.

M. Proudhon prétend réformer la propriété actuelle, organisée contrairement à la loi de jus-- tice , en organisant l'échange ; il ne voit pas que l'échange ou le commerce est un travail qu'il faut distinguer en commerce consciencieux et en com-- merce non consciencieux. M. Proudhon laisse donc toujours dans le même état le problême ou la question de *l'organisation*, de la *constitution* du travail. Il ne voit pas que la constitution véri-- dique du commerce est tout aussi difficile à effec-- tuer que la constitution véridique de la propriété, que l'établissement de la souveraineté, que la fon-- dation de l'autorité, que la consolidation réelle de la paix , du crédit, de la liberté et du bonheur.

Toutes ces organisations et constitutions justes et véridiques exigent absolument l'étude théorique et pratique de la con-science, de la science du bien et du mal.

Dans l'organisation de l'échange imaginée par M. Proudhon, l'homme reste toujours esclave de ses passions subversives; il continue dès lors à mentir, voler, tuer et à subir les châtiments dus à de pareils travaux. Pour peu que M. Proudhon veuille s'examiner, il comprendra que l'homme ne peut être content et heureux que lorsqu'il est consciencieux et lorsqu'il n'a de relations qu'avec des êtres consciencieux, dans toutes les sphères où ceux-ci exercent leur activité; en agriculture, éducation, instruction, manufacture, en échange ou commerce d'objets matériels aussi bien qu'en échange de sentimens d'ambition, d'amitié, d'amour, et en commerce intellectuel ou échange d'idées et d'opinions scientifiques, surtout en politique, en morale et en religion.

« Du reste l'assertion de M. Proudhon que la propriété actuelle est le fruit du vol, cette assertion est généralement vraie, puisque généralement les hommes se laissent aller au charlatanisme et au mensonge pour gagner de l'argent. Mais si la propriété actuelle est un vol, c'est que le travail présent et passé, qui la confère à ses possesseurs, est un travail vicieux, injuste, contraire à la volonté de Dieu, de Dieu qui très-certainement ne veut pas, pour lui seul, la justice et la vérité, et qui la veut aussi pour toutes ses créatures.

Dès lors M. Proudhon est injuste et vicieux lorsqu'il demande qu'on garantisse le travail actuel. S'il voulait réellement que le *mode d'appropriation* adopté par les civilisés cessât d'être un vol, un charlatanisme, un effet de cupidité, un travail condamné par la conscience, voix de Dieu dans l'homme, non seulement il ne demanderait pas qu'on garantisse un pareil travail, mais encore il opinerait pour qu'on le flétrisse et qu'on le réforme; et lui-même il donnerait l'exemple en devenant consciencieux.

« Le droit au travail, dit M. Proudhon, est le

« droit qu'a chaque citoyen , de quelque métier
« ou profession qu'il soit , d'être toujours occupé
« dans son industrie moyennant un salaire fixé,
« non pas arbitrairement et au hasard ; mais d'a-
« près le cours actuel et normal des salaires.—
« Tel est dans sa vérité le droit au travail ; il ne
« saurait y en avoir d'autre. » (Le *Siècle*, 12 oc-
tobre 1848).

M. Proudhon est dans l'erreur ; si une profession consiste , comme celle des faux publicistes
actuels , à maintenir et à accroître l'antagonisme
hostile et la mésintelligence qui existent entre les
pauvres et les riches (1); si elle consiste à corrom-
pre et à démoraliser l'homme , à développer ses
mauvais penchants et ceux de ses semblables ; si
une industrie consiste à répandre des croyances
désastreuses comme celle-ci : *Les intérêts des
hommes sont opposés et contraires ;* si elle accroît
la foi au veau d'or , ou fait naître dans les esprits
d'absurdes opinions sur les droits et les devoirs
des hommes entr'eux ; puis de chacun envers soi-
même et envers Dieu ; si un métier a pour but de
falsifier ses produits matériels ou spirituels , et
d'abuser de l'ignorance et de la crédulité publiques,
en fabriquant et vendant pour bons des produits
détestables ; quel salaire mérite un tel métier?
quelle garantie doit-on à de pareils travaux? quelle
assistance à leurs auteurs?

N'est-il pas évident que si l'industrie , qu'un
homme a choisie , est exercée d'une manière dé-
loyale , condamnée par la loi suprême de conscience , elle ne doit pas être tolérée et à plus forte
raison garantie? Que M. Proudhon veuille bien
faire un examen attentif de lui-même et se servir

---

(1) Ces Messieurs devraient travailler à détruire cet antagonisme et à *constituer* l'union, *l'association véridique*
entre les pauvres et les riches, les maîtres et les domestiques, les pères, les mères et les enfants, les gouvernants
et les gouvernés. Mais qu'ils en aient conscience ou non, ils
travaillent incessamment à établir une scission sanglante
entre les individus et les classes.

de la lumière intérieure que Dieu lui donne pour juger ce qui est bien et ce qui est mal, et il reconnaîtra que toute industrie doit être pour l'homme un moyen et une occasion de se perfectionner, d'améliorer ses facultés, ses qualités ou *propriétés bien-faisantes* et de détruire ses défauts ou imperfections, ses *propriétés mal-faisantes*. Et tout individu ou être collectif qui, dans l'accomplissement d'un travail, d'un métier, d'une profession, n'a pas pour but principal et suprême, l'amélioration, le perfectionnement des facultés, goûts, penchants, passions mis en jeu, cet être ne doit pas être encouragé, payé, récompensé. Et lorsqu'il a pour but prédominant le *progrès inverse*, le développement anormal et vicié des facultés exercées, il doit être blâmé et puni.

Quant à ce qui concerne le travail actuel de la presse dite *politique*, j'ajouterai que devant des juges compétents, celle-ci serait embarrassée, plus que bien d'autres industries, de JUSTI-*fier* ses gains, ses *appropriations* matérielles (1), car elle ne fournit guère à ses abonnés que de la marchandise spirituelle détestable : elle abuse de leur ignorance pour pervertir de plus en plus leurs facultés ; et c'est elle surtout qui arme les citoyens les uns contre les autres :

« Du *National* ou de la *Presse*, dit ce dernier
« journal, qui a levé le MASQUE?—Est-ce la

---

(1) Les *appropriations*, acquisitions et conquêtes en sentimens d'amîtié, d'amour, de parenté et de fraternité sont aujourd'hui tout aussi précaires et factices que les appropriations en ambition matérielle et spirituelle, parce que dans aucune de ces sphères d'activité ce n'est la loi de conscience éclairée qui préside aux relations des hommes. Si ceux-ci étudiaient et observaient cette loi, ils *acquerraient* des *propriétés*, des vertus, des perfections animiques proportionnées à leurs progrès en science d'eux-mêmes et de cette loi de justice ; et l'acquisition de la richesse corporelle ou santé du corps, aussi bien que l'acquisition solide et non contestée de la richesse matérielle externe seraient pour eux une conséquence de leur amélioration spirituelle ou santé de l'ame.

« *Presse* qui pour le besoin d'une dictature qui
« lui échappait a ensanglanté Paris pendant quatre
« jours, établi l'état de siège, supprimé la liberté
« individuelle?.....La France MM. vous a vus à
« l'œuvre et à la curée. A la curée vous jetant sur
« toutes les places, sur toutes les positions; à
« l'œuvre donnant au monde le spectacle de la
« plus humiliante impuissance. »

Eh! si la *Presse* accuse le *National*, le *National*,
à son tour, n'est-il pas fondé à accuser la *Presse*?
—Et d'abord, quant à la curée des places repro-
chée au *National*, je voudrais bien savoir si, arri-
vant au gouvernement, la *Presse* ne regarderait
pas comme son premier devoir de confier un bon
nombre des fonctions publiques, et surtout les
postes les plus importants à ceux qui partagent ses
doctrines et croyances politiques? Cependant ces
croyances sont-elles meilleures que celles du *Na-*
tional et de ses confrères? toutes ne sont-elles pas
des *fruits*, des *conceptions d'amour*-propre et de
cupidité illimités, effrénés, et non des *fruits*, des
créations d'amour de justice et de vérité?

Ainsi lorsque, sous l'influence de ces croyances,
la *Presse* demande pour tous les [citoyens la *li-*
berté illimitée de publier leurs pensées sans établir, comme je l'ai fait pour le travail, la distinction entre les bonnes et les mauvaises pensées;
lorsqu'elle n'explique pas que ce sont seulement
les premières dont on doit permettre et garantir
la publication, et que les autres doivent être limi-
tées dans leur propagation et, au besoin, arrêtées,
réprimées et même supprimées, la *Presse* s'allie
aux plus mauvais journaux, elle favorise les plus
laides passions; elle travaille à maintenir, à accroître même le mensonge et le charlatanisme,
les délits et les crimes, les guerres et les révolutions qui n'ont cessé de tourmenter l'humanité :
elle s'abandonne elle-même à de mauvaises pensées,
à de laides passions; elle suit la marche vicieuse
des civilisés qui ne sont pas encore parvenus à
comprendre que pour s'*approprier* ou *conquérir* la

vraie *confiance* de Dieu et de leurs semblables et, par suite, la liberté et le bonheur, ils doivent, soit individuellement, soit collectivement, prendre leur conscience pour règle suprême de conduite, pour loi gouvernementale.

Manquant à ce premier devoir, qu'aucun autre ne peut remplacer, les Français sont continuellement exposés à accueillir les mauvaises pensées qui engendrent les mauvaises actions; et, toutes les fois qu'ils se laisseront guider par leurs ignorants et aveugles publicistes, ils seront exposés à des dangers analogues à ceux qu'ils ont couru pendant les journées de juin, et à la décroissance continue du crédit et de la liberté, décroissance dont ils souffrent encore si vivement aujourd'hui.

« Liberté illimitée et répression sévère, dit la *Presse*, voilà en « quatre mots le résumé de notre opinion. » Mais n'est-il pas évident qu'en liberté comme en travail il faut distinguer la bonne et la mauvaise liberté et que c'est de cette dernière dont la *Presse* a fait et dont elle entend principalement faire usage?–La liberté ou le pouvoir de bien faire et de bien penser, – d'être consciencieux, juste, véridique, de réfréner ses mauvais et de développer ses bons penchants, – ce pouvoir là n'a pas besoin d'être supprimé, réprimé, LIMITÉ; et ce n'est pas pour avoir fait usage de ce pouvoir que la *Presse* a été suspendue et que M. de Girardin s'est fait incarcérer. Enfin ce n'est pas davantage pour avoir usé d'une pareille liberté que les chefs présents et passés des nations se sont attirés et s'attirent incessamment des châtiments proportionnés à l'essor déréglé et *illimité* qu'ils donnent à leur vanité, à leur ambition et à leurs mauvaises passions; tandis qu'ils ont tenu, dans des limites beaucoup trop étroites, la bonne liberté, celle qui consiste à étudier et à pratiquer incessamment la loi suprême de justice et de vérité, loi qui apprend à tirer parti des plus mauvaises libertés, et à montrer que Dieu ne crée rien en vain. « La vipère, la sang-sue, la cantharide

« fournissent à la médecine des remèdes utiles ,
« tout ce qui nous paraît complètement vicieux
« en matériel ou en passionnel, a des propriétés
« occultes qui nous étonneront un jour...... (Fou-
« rier). »

Nul doute , Dieu donne à l'homme le pouvoir
d'abuser de toutes choses ou de faire le mal, de
mal penser et mal parler , de mal s'approprier ou
de voler , de s'abandonner à ses vices ou de s'avi-
lir ; les faits présents et passés le prouvent amplement ; mais ils prouvent en même temps que
plus l'homme abuse de ce pouvoir , plus il se
rend *mal*-ade, et plus ensuite il a besoin de temps
et de remèdes violents pour recouvrer la santé (1).
L'étude attentive de l'histoire prouve que l'homme
subit des punitions proportionnées à sa culpabilité,
à l'essor qu'il donne à sa liberté de mal faire. Mais
si Dieu ne l'avait doué que d'une semblable liberté , l'homme n'aurait guère lieu de glorifier son
créateur : Il n'en est pas ainsi, Dieu lui a en

---

(1) Ainsi le peuple américain n'ayant pas été aussi léger,
aussi vain et irréligieux que le peuple français et ayant
été moins longtemps abandonné à ses mauvaises passions ,
il a été moins malade et malheureux , et il lui sera plus
facile de recouvrer la santé morale—la justesse des facultés du cœur et de l'intelligence—, et par suite la santé
physique—la justesse des facultés sensuelles, du goût, du
tact......
Le choix des chefs tels que les Franklin , Washington et
leurs successeurs atteste la supériorité relative du bon
sens des américains. Cette supériorité est encore attestée
par la gestion de leur fortune matérielle—aussi bien celle
de l'état que celle des particuliers (message du président
des États-Unis, *Presse* du 28 décembre)—; puis par l'absence
des révolutions ou convulsions si fréquentes chez les
vieilles civilisations. Enfin elle est surtout prouvée par
leurs mœurs ou morale pratique: « Ces hommes (les émi-
« grants qui vont chercher de l'or en californie) dorment
« sous des tentes, sous des hangards , par fois même en
« plein air , avec des sommes considérables auprès d'eux ,
« et il ne se commet pas de vol , à peine quelques colli-
« sions éclatent-elles de loin en loin pour une question de
« priorité dans l'exploitation de tel ou tel terrain. « *Presse*
« du 2 janvier, *analyse du rapport du colonel Mason*.) »
Note B.

même temps donné la liberté où le pouvoir de faire le bien ; et ceux qui donneront un large essor à ce pouvoir et qui restreindront, qui suspendront leur liberté de mal faire, ceux-là sortiront de l'abîme où se plongent de plus en plus les civilisés, et ils acquerront les lumières propres à éclairer et à guider l'humanité. Par conséquent ceux qui ont principalement fait usage de la liberté de mal faire sont ceux qui ont conduit la France dans les abîmes de misères où elle vient de se précipiter.

Ainsi ses journalistes soi-disant politiques, ses prétendus éclaireurs croient généralement et par leur exemple ils font croire au public, — très disposé d'ailleurs à adopter cette opinion, — que le vrai bonheur consiste à occuper des postes de plus en plus élevés dans le travail civilisé. Eh bien, cette croyance est absurde, car le but principal de ceux qui cherchent avant tout à monter en grade est de satisfaire leurs vices, la vanité, l'orgueil, l'aveugle ambition, la cupidité, le népotisme... et c'est pour cela qu'ils s'attirent incessamment les châtiments de Dieu. Veulent-ils obtenir ses faveurs et progresser en pouvoir et autorité, liberté et bonheur ? qu'ils accomplissent le travail poursuivi et recommandé par Jésus et Socrate : qu'ils s'étudient pour se connaître et se perfectionner, pour *supprimer* leurs mauvais et développer leurs bons penchants ; qu'ils étudient et pratiquent avant tout la loi de justice et de vérité, écrite par Dieu dans leur conscience, et ils se rendront dignes d'occuper des postes de plus en plus élevés dans l'œuvre vraiment légitime pour laquelle l'humanité a été créée ; et alors ils comprendront que lorsqu'ils croient s'*élever* en pouvoir, liberté et bonheur, ils ne font généralement que s'élever dans le vice, ils deviennent de plus en plus menteurs, vaniteux, charlatans, orgueilleux, et par conséquent, ils se dégradent, s'avilissent et TOMBENT progressivement dans l'impuissance et la ruine, l'esclavage et le malheur.

Ils verront, comme l'a dit Jésus-Christ, que les premiers dans l'œuvre civilisée (*l'industrie mensongère*) seront généralement les derniers dans l'œuvre de justice et de vérité ou *industrie véridique*, et que ce sont eux qui auront le plus à faire pour se réformer. Ils reconnaîtront que les occasions d'agrandir la sphère du bien ne manquent jamais a ceux qui se rendent dignes de l'opérer; Dieu ne leur fait pas défaut et Jésus-Christ a eu raison de dire : « cherchez et vous trouverez, demandez et « vous recevrez, frappez à la porte et on vous « ouvrira. Vous demandez et vous ne recevez pas, « c'est parce que vous demandez mal. »

Qu'ils se pénètrent de l'esprit de justice et de vérité en étudiant et pratiquant incessamment les prescriptions de leur conscience, et le créateur souverain qui leur a donné le pouvoir de faire jaillir des corps la lumière physique, leur donnera celui de faire jaillir des âmes la lumière spirituelle et d'éclairer moralement l'humanité. Alors ils comprendront que leur siècle qu'ils appellent le siècle des lumières et du progrès parce qu'il fait des découvertes en matériel, n'est qu'un siècle de ténèbres et de progrès à rebours; et qu'il ne méritera réellement le nom dont ils l'ont qualifié, que lorsqu'il subordonnera l'étude de la matière à celle de l'esprit. Alors ils comprendront et feront comprendre au public que ce ne sont pas les suffrages et les honneurs décernés par les aveugles et ignorants civilisés qui peuvent produire la félicité particulière et publique-celle de tous les êtres, individus et collections d'individus;—mais que c'est l'essor juste et véridique de toutes les facultés appliquées aux métiers, professions, fonctions qui sont le plus en rapport avec les dites facultés.

Tant qu'on ne s'étudie pas soi-même il n'est pas possible de connaître ses propres vices et de marcher dans la voie du bien; aussi n'est-il pas surprenant que les Français, si superficiels, soient si imparfaits? Ils voient bien la paille qui est dans l'œil de leur prochain; et il ne leur est pas diffi-

cile de se montrer mutuellement quelques-unes
de leurs imperfections, mais ils n'aperçoivent pas
la poutre qui cache la lumière à l'humanité entière, même à ceux qui font le plus grand étalage
de piété et qui ne s'occupent guère qu'en paroles
des devoirs de l'homme envers lui même, envers
ses semblables et envers Dieu.

Animés de l'esprit d'égoïsme aveugle et d'injus-
tice, tous leurs travaux tournent au détriment
général et par conséquent aux détriments particuliers, surtout les censures exercées par eux
envers les dépositaires du pouvoir qu'ils convoi-
tent et contre lequel ils ameutent sans cesse la
nation. De là les luttes perpétuelles et les révolutions qu'ils provoquent et dont à leur tour ils ne
tardent pas à devenir les victimes, ainsi que la nation qui a la sottise de les croire et d'agir conformément à leurs détestables principes.

Le fait est que les journalistes s'accusent tous et
avec justice de mauvaise foi et de honteuses passions; ils se condamnent et se châtient mutuellement, et ils accomplissent les uns vis-à-vis des
autres la loi pénale de justice et de vérité dont Dieu
est bien le suprême exécuteur. C'est lui en effet
qui règne et gouverne; c'est lui qui dispose les
évènements de manière à ce que les peines arrivent
à chacun selon ses fautes—ses mauvaises œuvres—;
et lorsque les hommes marcheront avec lui, dans
la voie de justice, c'est lui encore qui distribuera
à chacun, selon ses mérites, les vrais plaisirs, les
richesses sensuelles et affectueuses, corporelles et
animiques, et la lumière intellectuelle propre à
en faire le plus heureux emploi.

Si donc les français continuent à se laisser conduire par l'esprit de ténèbres, d'ignorance de
soi-même, d'aveugle égoïsme, de cupidité..... en
un mot par l'esprit du mal; s'ils n'adoptent pas le
moyen dont je vous propose de prendre l'initia-
tive pour limiter l'activité désastreuse de la presse
et organiser véridiquement son travail, une leçon
plus sévère et plus douloureuse ne tardera pas à

leur être infligée. Mais vous comprendrez, je l'espère, et ferez comprendre à l'assemblée nationale
et au gouvernement que reconnaître à tout citoyen
le droit de forcer les faux publicistes à DISCUTER
CONSCIENCIEUSEMENT, et à insérer dans leurs
feuilles les critiques bénévoles de leurs doctrines,
c'est reconnaître un droit naturel, inaliénable et
avantageux à tout le monde; et par conséquent
avantageux à eux-mêmes. Introduire ce droit dans
la loi, en recommander l'exercice comme un des
premiers devoirs du citoyen, c'est faire acte de
vrai législateur, car c'est légitimer ou JUSTI-fier
la loi humaine, c'est commencer à la rendre conforme à la loi de justice et de vérité, loi suprême
qui existe de toute éternité et que Dieu a tracée au
fond de nos cœurs pour nous CONDUIRE, comme
elle le conduit lui-même et l'immense majorité de
ses créatures, à d'ineffables félicités.

L'observance de cette loi peut seule nous *constituer* en unité ou accord avec notre créateur, avec
nous-mêmes et avec nos semblables; et méconnaître cette loi vraiment constitutive du bonheur
de tout le monde, c'est fermer les yeux à la lumière, c'est continuer à marcher dans les ténèbres et le malheur.

« Liberté de la pensée, dit encore la *Presse*,
« inviolabilité du droit de discussion. Telle est
« l'épigraphe que nous avons placée au dessous
« de notre titre et qui le complète, telle est la
« devise que nous avons inscrite sur notre dra-
« peau ! tant que la liberté de la presse sera res-
« pectée il n'y aura pas à désespérer entièrement
« de la république et du salut de la France, mais
« il faut que cette liberté soit scrupuleusement
« respectée de toutes parts. » Eh ! c'est bien,
comme je l'ai dit, la mauvaise liberté seule que
respecte la *Presse*, et c'est avec la discussion do-
minée par la vanité et la cupidité que le salut de
la France est absolument impossible. Quant à celle
où domine l'amour de la justice et de la vérité,

M. de Girardin la viole constamment. Aussi se garde-t-il d'admettre dans ses colonnes et les réfutations de ses doctrines matérialistes, enfantées par ses mesquines passions, et les enseignements vraiment politiques, moraux et religieux qui dévoileraient son incapacité à remplir le rôle de vrai publiciste et d'éducateur national.

Ce que j'ai dit au sujet des mots : *travail, liberté, discussion…* s'applique à presque tous les mots de la langue française dont on a autant abusé que des choses. Or si, pour progresser véritablement en liberté et bonheur, l'homme doit bien penser, bien travailler, bien organiser,….. il doit aussi, *bien constituer*; et si jusqu'à ce jour il a été malheureux, c'est qu'il a mal pensé, mal travaillé, mal constitué. Et s'il est vrai que les hommes n'auront la paix, la tranquillité, la confiance les uns dans les autres, que lorsque sera résolu le problème de l'organisation du travail ou association véridique entre les maîtres et les ouvriers, les pauvres et les riches, les artistes et les philosophes, c'est-à-dire lorsque la classification, la hiérarchie de tous les travailleurs sera réglée d'après la loi de justice et de vérité, la nouvelle *constitution* française est évidemment impuissante, comme ses aînées, à créer la paix, la liberté et le bonheur.

Pour atteindre un pareil but, il faudrait qu'elle contînt une démonstration rigoureuse de la possibilité, et de la nécessité absolue où se trouvent l'humanité et chacun de ses membres, d'agir toujours consciencieusement. Or, la nouvelle constitution ne satisfait pas à cette condition. Essayons donc de vous donner cette démonstration, et de faire passer dans vôtre âme la conviction qui m'anime, afin que vous puissiez la communiquer à l'Assemblée et au gouvernement, et réaliser chez tous et partout la liberté et le bonheur.

Qu'est-ce que la conscience? d'après l'Académie « c'est une lumière intérieure, un sentiment intérieur par lequel l'homme se rend témoignage « à lui-même du bien et du mal qu'il fait. » Or, quel rôle, quelles fonctions cette lumière est-elle destinée à remplir si ce n'est à diriger, à conduire les travaux de l'homme vers le bien et à lui faire éviter le mal? et le don de cette faculté ne prouve-t-il pas que l'homme possède aussi le pouvoir de bien agir, de bien travailler ou de se bien gouverner? il faudrait être stupide pour ne pas comprendre cela. Aussi cette opinion est-elle universelle. Il n'est pas d'homme en effet qui ne regarde ses semblables comme responsables de leurs actes; il n'est pas d'homme qui ne les blâme ou ne les loue selon que, d'après sa conviction, ils agissent contrairement ou conformément à leur lumière intérieure, c'est-à-dire selon qu'ils font le bien et évitent le mal ou qu'ils font le mal et s'abstiennent de faire le bien.

Ceci posé, si un homme marche dans la voie du mal et se dispense de faire le bien, il doit être malheureux, et s'il est aveugle, méchant et malheureux, c'est qu'il fait généralement le mal et ne s'applique pas ou s'applique beaucoup trop peu à bien faire. Par un motif analogue, on doit admettre que si un homme fait généralement bien, s'il suit habituellement sa lumière intérieure, il doit être généralement heureux et éclairé, et s'il est heureux et éclairé, c'est que généralement il agit et se *gouverne* bien; et cela existe pour une famille et une société, pour un peuple et pour l'humanité aussi bien que pour un seul individu.

Dès lors si l'humanité a toujours été malheureuse, ignorante et aveugle, c'est qu'elle a toujours mal agi, mal travaillé, c'est qu'elle n'a pas ou a été fort peu consciencieuse dans les choses essentielles à son bonheur, dans la recherche et la pratique de ses devoirs envers son créateur, envers elle-même et envers les autres créatures de Dieu. Et si elle veut mettre un terme à ses maux, il faut absolument qu'elle devienne juste et véridique dans son activité, ou, qu'elle *organise le travail consciencieux.* Voilà le PREMIER DEVOIR des individus et des sociétés ; et ce devoir, ainsi que je l'ai dit, aucun autre ne peut le remplacer.

L'expérience vient confirmer ce raisonnement, car les Socrate, Franklin, Washington qui ont marché quelque peu dans cette voie, et ceux qui les y ont suivis ont été beaucoup moins aveugles, moins méchants et malheureux que les autres hommes. Mais eux-mêmes n'ont pas été assez avant dans cette ligne de conduite, ils n'ont pas suffisamment étudié et suivi les prescriptions de leur conscience pour que Dieu ait cru devoir les éclairer et leur révéler la solution positive et mathématique de l'organisation du travail véridique, solution sans laquelle l'humanité et ses membres ne cesseront d'éprouver infiniment plus de souffrances que de jouissances.

Si la lumière matérielle est nécessaire aux êtres animés pour les guider dans les relations corporelles ou physiques qu'ils ont entr'eux et avec les divers êtres de la nature, la lumière spirituelle, dont la première est l'image, ne leur est pas moins nécessaire pour les diriger dans l'exercice de leurs facultés animiques, dans leurs relations morales avec Dieu, avec eux-mêmes, avec leurs semblables et l'univers. En effet, lorsqu'ils ne font pas usage de cette lumière, ils abusent de toutes choses et se font un sort tel qu'il vaudrait mieux, pour eux, ne pas exister ; les peines surpassent de beaucoup les plaisirs, ainsi que le prouve amplement l'histoire de l'humanité, et Dieu ne pouvait manquer de donner à l'homme cette lumière spirituelle ; c'était son premier devoir et il n'y a pas failli.

Cette vérité reconnue, le travail des gouvernants va se trouver considérablement allégé : chacun portant en soi-même la loi, la règle de conduite qu'il doit suivre pour faire le bien et éviter le mal, leur tâche la plus importante va consister à favoriser chez tous l'étude et la pratique de cette loi.

Personne ne contestera l'utilité de savoir juger les êtres libres, intelligents et passionnés, — de pouvoir apprécier leurs qualités, leurs propriétés bien ou mal-faisantes; et comme c'est à l'œuvre qu'on connaît l'ouvrier, c'est à l'étude de la conscience qu'on peut connaître Dieu. Il n'est pas d'œuvre en effet plus capable que la conscience de faire aimer et honorer son auteur; car elle est l'expression bienveillante du créateur envers toutes ses créatures; et c'est seulement lorsque l'homme pénètre cette pensée et s'y conforme qu'il acquière de la ressemblance avec Dieu, autrement il n'est que le portrait du démon.

Dieu se trouve dans la situation d'un père expliquant et prescrivant à ses enfants des travaux qui doivent faire leur bonheur commun et celui de tout le monde : il désire être parfaitement compris afin que les travaux soient PARFAITEMENT exécutés. La conscience ou faculté de pénétrer les plans divins est donc la faculté la plus précieuse que possède l'homme; c'est elle qui, plus que toutes les autres, constitue sa valeur; et tant qu'il n'a pas étudié et exercé cette faculté, il s'ignore lui-même, il ne connaît, il ne conçoit pas Dieu. Aussi Socrate a-t-il eu raison de recommander l'étude de soi-même, puisque cette étude apprend à connaître Dieu et, le travail qu'on doit accomplir pour être heureux.

Quelle conséquence doit-on tirer de ceci? c'est que Dieu règne sur la terre comme au ciel, il gouverne et distribue les punitions et les récompenses selon les lois de la plus stricte justice. Mais en général il n'a guère que des châtiments à infliger aux hommes; car, sauf rares exceptions, tous manquent à leur premier devoir, tous placent l'âme après le corps, l'esprit après la matière, les questions financières avant les questions morales et religieuses; aucun ne s'étudie et ne travaille énergiquement à se perfectionner : à se corriger de ses vices, à détruire ses qualités malfaisantes et à acquérir des vertus, des qualités bienfaisantes.

Ni les politiques, - monarchistes et républicains

de la veille et du lendemain, – ni ceux qui se qualifient de moralistes, ni les riches, ni les pauvres ne veulent reconnaître leur culpabilité. Ils sont à cet égard d'une susceptibilité sans égale, et l'on est sûr de les mécontenter lorsqu'on les accuse, même indirectement, d'être les principaux auteurs de leurs maux (1). Ils ne veulent pas admettre que leurs adversités soient des châtiments qu'ils auraient pu éviter ou beaucoup diminuer; ils s'ingénient pour se faire illusion à ce sujet, les moins déraisonnables,–ceux qui conviennent que les plus sages des hommes péchent au moins sept fois par jour, – ceux-là ne supportent guère mieux le blâme et la critique. Ils croient se disculper en disant que les souffrances sont des épreuves auxquelles Dieu soumet l'homme; mais cela ne les justifie en aucune façon. En effet que prouvent ces expériences de Dieu? Elles prouvent qu'ils sont fort sujets à caution, et que, succombant habituellement à leurs tentations vicieuses, ils ont besoin de sévères leçons pour les décider à étudier leur lumière intérieure et à réfléchir sur eux-mêmes cette lumière qu'il met à leur disposition afin qu'ils puissent s'améliorer.

Mais lorsque ce but de Dieu sera atteint, ils reconnaîtront leur faute et se reprocheront vivement d'avoir tant tardé à faire usage de leur faculté de réaliser le bien, d'éviter le mal, et de *constituer* l'harmonie avec soi-même, avec ses semblables et leur créateur. Alors ils regarderont comme un très-grand bien ces châtiments qu'ils croient ne pas mériter et dont aujourd'hui ils ne reconnaissent pas l'urgence. Ils comprendront que sans

----

(1) Rejetteront-ils sur leurs père et mère les imperfections dont ils ont hérité au moment de leur procréation ou endossement du corps terreux (p. 32, note), je leur répondrai que cet *héritage* est le fruit de leurs travaux dans la vie ultra mondaine, comme les vices dont nous restons entachés en quittant notre enveloppe terreuse sont les fruits de nos mauvais travaux en cette vie.

eux ils n'auraient jamais pu apercevoir leurs innombrables imperfections et s'en corriger. Enfin,
ils regretteront que nos pères n'aient pas fait ce
qu'eux-mêmes se reprocheront d'avoir tant tardé
à exécuter.

Cette faute capitale, que commettent surtout
les Français et qui consiste à violer incessamment
la loi de conscience, est celle de l'immense majorité
de la nation ; aussi était-il juste que la punition
fut générale et d'une sévérité mesurée à la culpabilité ; et en effet elle a été providentielle, divine,
et très-propre, dans l'état de scepticisme où nous
sommes tombés, à nous faire voir la main de Dieu
et la nécessité de reporter nos pensées vers lui.

Qui aime bien châtie bien, dit le proverbe, et
cette maxime suivie par Dieu et par ses créatures
qui marchent dans la voie de justice et de vérité,
trouve encore la confirmation de sa bonté dans
les faits du monde matériel : il y a effectivement
une parfaite analogie entre les phénomènes des
ordres moral et physique ; car il n'est pas de
matière qui n'ait certaines propriétés, certaines
qualités plus ou moins bien ou malfaisantes et qui
n'autorisent à dire qu'analogiquement parlant il
n'est pas de corps sans âme, ni d'âme sans corps,
de matière sans force et esprit, ni d'esprit et de
force sans matière ; partout celle-ci est unie, as-
sociée à l'esprit, partout celui-ci dirige et conduit
la matière, mais il la conduit, il la gouverne bien
ou mal selon qu'il est éclairé ou aveugle. Et si les
frottements violents et les chocs des corps entre
eux sont d'excellents moyens pour les échauffer
et pour faire jaillir la lumière matérielle qu'ils
recèlent, — les chocs, les frottements et les com-
pressions des âmes sont parfois d'excellents moyens
de les échauffer, de faire jaillir leur lumière spirituelle, et de développer leurs nobles aspirations. Mais ces moyens, qu'en ce moment Dieu
juge nécessaires pour nous faire sortir de l'état
déplorable dans lequel nous sommes aujourd'hui,
ne conviennent pas à toutes les situations. Et de

même qu'avec la pile de volta on peut., sans choc
ni compression, obtenir une lumière et une chaleur matérielles permanentes et excessivement
vives ; de même lorsque les hommes rempliront
leur premier devoir et opéreront leur métamorphose de vice en vertu ; une brillante lumière
spirituelle et une chaleur morale énergique leur
seront accordées., et Dieu n'aura plus qu'excep-
tionnellement besoin de leur infliger des châtiments pour les exciter au bien et leur faire éviter
le mal. Des récompenses suffiront très-générale-
ment pour atteindre ce but ; et si., jusqu'à ce jour,
les pensées, les paroles et actions vicieuses et.,
par suite, l'oppression et le malheur ont constitué
la règle et formé la trame de la vie chez l'immense majorité des hommes., – tandis que les pensées,
les paroles et actions vertueuses ont constitué l'ex-
ception et formé la trame de la vie chez l'excessive
minorité., – le contraire aura lieu en harmonie.
Dès lors MM. Sobrier, Blanqui.... et leurs par-
tisans pourront être amnistiés sans inconvénient ,
car la lumière spirituelle sera créée dans l'humanité entière , chacun verra son chemin , le
bien sera partout en marche pour remplacer le
mal ; et eux-mêmes s'empresseront de se métamorphoser. Alors pour la défense et la justification
de leur conduite comparée à celle de leurs juges,
ils pourront soutenir que plus ils se sont abandonnés à leurs mauvaises passions et ont répandu de
détestables doctrines, plus ils ont concouru à produire de la chaleur et de la lumière spirituelle en
comprimant, froissant et choquant leurs adversaires , puis en provoquant de la part de ceux-
ci des réactions semblables. Ils se sont ainsi réciproquement disposés par la souffrance à détour-
-ner leurs pensées du veau d'or pour les reporter
vers le créateur souverain. De l'excès du mal ils
auront donc fait naître une heureuse disposition à
goûter., à apprécier le vrai bien et à le créer, tan-
disque leurs adversaires s'endormaient dans la
fange ; ils auront provoqué la fermentation et fa-

vorisé la régénération de matières corrompues.

Ces MM. pourront ainsi se flatter d'avoir concouru plus efficacement que leurs juges à hâter l'avènement de l'humanité au bonheur. Et, à l'exemple des condamnés anglais qui ont fondé la prospérité australienne supérieure à celle de leur première patrie, ils pourront lutter avec avantage contre leurs adversaires et, en suivant une marche inverse,—conforme aux nouvelles circonstances dans lesquelles l'humanité va se trouver—, ils pourront travailler plus fructueusement qu'eux au bonheur général, à la vraie république *ad rem publicam.*

Dès lors par des enseignements théoriques et pratiques ils s'empresseront de répandre la foi éclairée en Dieu, et par là ils féconderont tous les germes du bon et du beau, du juste et du vrai, et rendront stériles tous les germes de l'injuste et du faux. Ils feront comprendre que 'la croyance à la non existence d'un être supérieur qui règne, et gouverne selon les lois de la justice et de la vérité, cette croyance produit nécessairement des effets subversifs; elle fertilise les germes de mal et stérilise les germes de bien; et au lieu de constituer de bons travailleurs, puis des consommateurs compétents en produits et travaux et des commerçants honnêtes, elle ne crée que de mauvais producteurs et consommateurs et des marchands malhonnêtes.

C'est du reste ce que j'ai déjà rigoureusement établi en principe (*lettres à M. E. de Girardin* § 55): sans la foi, sans la croyance théorique et pratique en Dieu toutes les autres opinions et croyances restent stériles en faits heureux et fécondes en faits malheureux; tandis qu'avec la foi scientifique en Dieu, toutes les opinions et croyances s'illuminent, toutes deviennent productives de bonheur et destructives de malheur.

Ceci posé, on comprend pourquoi les divers ministres et gouvernements qui se sont succédé jusqu'à ce jour ainsi que l'assemblée nationale actuelle et ses divers comités ont toujours été et sont encore impuissants à résoudre les problêmes sociaux entr'autres celui du travail dans les prisons et celui de la concurrence anarchique, concurrence que ce travail vient accroître.

« Quand à l'industrie libre, dit la *Presse* du 5 « janvier 1849, l'état où l'avait mise la crise « de février et les actes du Luxembourg la rendait « fort indifférente à la suspension d'une concur- « rence qui ne devait pas plus qu'elle-même trou- « ver des acheteurs sur un marché abandonné. » Voilà qui est fort juste, mais pourquoi le marché était-il abandonné? parce qu'il n'y avait ni confiance, ni bienveillance, ni vraie fraternité, ni accord, ni harmonie, mais défiance, malveillance, inimitié entre les maîtres et les ouvriers, les pauvres et les riches, et parce que la fraternité de nos républicains était on ne peut mieux disposée à abreuver nos sillons d'un sang impur.

Les journalistes ayant répandu d'absurdes doctrines sur les droits et les devoirs de l'homme, sur sa destinée et ses fonctions, une multitude de gens voulaient vivre sans rien faire ou ne faire que s'abandonner à leurs mauvaises passions; ils avaient fini par ne plus tenir compte des premières et des plus simples notions de la justice et de la vérité.

Or, malgré la leçon que nous venons de recevoir et grâce aux faux publicistes dont nous sommes toujours infestés, cet état de choses n'est encore que fort médiocrement changé. Mais que se répande la croyance éclairée à l'existence d'un être supérieur qui récompense et punit chacun selon ses bonnes et ses mauvaises œuvres, et tous les travaux de production et de consommation, d'échange et de distribution, d'administration, de conservation et d'économie.... vont devenir consciencieux, justes, vrais : les paresseux vont se montrer laborieux, chacun va se faire gloire de créer une masse de produits matériels et spirituels bien supérieure à celle qu'il consomme. Dès lors chacun va devenir riche et pourra largement acheter, payer et consommer. Grâce aux nouvelles découvertes,—télégraphie électrique, chemins de fer, bateaux à vapeur, navigation aérienne,—les marchandises, non falsifiées comme celles d'aujourd'hui, auront toute la terre pour marché; chaque homme aura pour tributaire l'humanité entière à qui il paiera avec joie son tribut, son impôt.

Que se répande l'opinion que l'homme possède la faculté d'entrer en relation spirituelle et directe avec le créateur souverain de tous les êtres, puis avec ses père, mère, parents, amis... qui remplissent dans la vie ultra-mondaine des fonctions bien supérieures à celles que nous accomplissons ici bas, et chacun voudra vérifier le fait par lui-même, et chacun acquerra la conviction de sa réalité ainsi que la vraie foi, la foi expérimentale en Dieu. Le gourmand deviendra sobre et toutes les substances alimentaires dont la consommation désordonnée,—en quantité, qualité, uniformité, variété, succession...—,détériore sa santé, toutes ces substances profiteront à lui même, et au peuple prétendu souverain qui meurt, plus souvent d'indigestion que de faim et qui abuse de tout ce qui est à sa disposition, car en politique ou gouvernement des saveurs, aussi bien qu'en direction et *administration* des facultés digestives et autres facultés sensuelles, les civilisés sont d'une ignorance qui rivalise avec leur absurde manière de gouverner les sentiments d'amitié et d'égalité, d'ambition et d'inégalité, de famille et de fraternité; et celle-ci ne le cède pas à leur incapacité dans l'art de gouverner et d'exercer les facultés destinées à établir la valeur des êtres et à les classer d'après leurs capacités pour constituer la vraie chose publique et particulière (p. 39 3/4)— le bonheur de Dieu et de toutes ses créatures. Ainsi, pour connaître leurs forces respectives il est nécessaire qu'ils luttent; mais au lieu de rivaliser pour faire le bien et éviter le mal, ils ne rivalisent que pour faire le mal et éviter le bien.

Que la bonne foi, – la foi en Dieu loyalement dis-
cutée et expérimentée, – remplace la mauvaise foi,
la foi qui n'honore Dieu que du bout des lèvres,
et l'avare au lieu d'accumuler de l'or va le faire
circuler en se procurant à lui et à ses semblables
toutes les jouissances raisonnables. Et chacun ré-
frénant ses vices et développant ses nobles aspirations, la consommation et la production, la circu-
lation et la distribution des objets de nécessité,
d'utilité, d'agrément et de luxe vont prendre un
immense accroissement : la confiance et la bienveillance universelle ou vraie fraternité et, par
suite, le crédit qu'inspirent et méritent les êtres
arrivés à l'état normal, – crédit qui est proportionné au degré de conscience ou de lumière intérieure dont ils font usage –, tous ces avantages vont
remplacer la défiance, la malveillance et le discrédit qu'inspirent les hommes et les peuples actuels, désavantages qui sont proportionnés à
l'inaction dans laquelle ils laissent leur plus précieuse faculté, la faculté de connaître et d'exécuter
les volontés divines.

Que s'établisse l'union vraiment filiale, intellectuelle et subordonnée ou *entente cordiale* de
l'homme avec Dieu et avec les ultra-mondains ; et
la terre sera unie au ciel (1), et tous les travaux
auront pour but la satisfaction de nobles passions:
d'amitiés sincères, de fidèles amours... La loyauté
présidera à toutes les industries, à tous les échanges. Les bonnes et belles découvertes en médecine

---

(1) La mort ou destruction du corps terreux ne rompt
pas complètement nos relations avec le monde actuel : le
fluide nerveux, – siège ou corps éthéré de l'âme, qui ne
meurt pas, – a la faculté de s'étendre et de porter son action
à d'incommensurables distances ; et nous pouvons communiquer avec les ultra-mondains comme ils peuvent communiquer avec nous.

Je donnerai, quand il en sera temps, une démonstration claire et précise de cette proposition qui du reste est
déjà admise par les magnétiseurs. Mais ceux-ci ne savent
pas en tirer parti pour découvrir et développer l'art de
bien gouverner.

et en hygiène corporelle et animique, morale et physique profiteront à leurs auteurs et à l'humanité entière qui se fera un devoir et un plaisir de leur en témoigner sa gratitude ; et chaque individu, chaque famille, chaque nation mettra autant de zèle à s'améliorer, soi et ses semblables qu'ils en *mettent* à se vicier et à se détruire.

Alors les hommes créeront autant de bonheur qu'ils créent aujourd'hui de malheur ; autant de nobles concurrences, d'excellentes divisions, d'admirables unions... qu'ils engendrent actuellement de concurrence anarchique, de détestables divisions, de méprisables unions. Enfin tous les hommes jouiront d'un degré de liberté et de félicité proportionné aux témoignages d'amour qu'ils donneront à Dieu et à leurs semblables. Resteront seuls esclaves et malheureux quelques monstres que leurs habitudes vicieuses ont de plus en plus déformés. Ceux-là la mort et le code pénal rectifié pourront seuls les métamorphoser.

Que les vraies doctrines politiques, morales, religieuses se propagent, et la question financière qui préoccupe si vivement les économistes civilisés, monarchistes et républicains, sera reléguée au dernier rang. Alors on verra que, chez les peuples comme chez les individus, ni les avares et les prévoyants ou économistes dits positifs, — ceux dont les recettes pécuniaires surpassent les dépenses, — ni les prodigues et les imprévoyants ou économistes négatifs, — ceux dont les dépenses excèdent les recettes, — ne sont heureux. Les uns et les autres ne faisant pas ou faisant très-peu usage de leur lumière intérieure pour faire le bien et éviter le mal, tous succombent aux tentations vicieuses auxquelles leurs sens dépravés et leurs sentimens aveugles les entraînent ; tous ruinent leur santé morale et physique.

Quant à ceux qui parviennent à tenir leurs dépenses au niveau de leurs recettes et à établir l'équilibre matériel externe, ils ne réalisent pas mieux que les autres l'équilibre matériel interne ou santé du corps qui résulte de l'essor normal des facultés sensuelles et intellectuelles, ni l'équilibre spirituel interne ou santé de l'âme, qui résulte de l'essor normal des facultés sentimentales et intellectuelles.

Cette vérité devient encore plus évidente lorsqu'on compare le présent au passé : en effet malgré les énormes quantités d'or, d'argent et d'autres richesses matérielles extérieures créées depuis quelques centaines d'années par la fausse industrie, la défiance et le discrédit qui existaient dans les relations individuelles, familiales, corporatives, nationales n'ont fait que croître, ainsi que la malveillance entre les pauvres et les riches, les entrepreneurs et les ouvriers, les maîtres et les domestiques, les pères et les fils, les mères et les filles, les frères et les sœurs, les belles-mères et les belles-filles... D'autre part une foule de nouvelles maladies telles que le choléra, le typhus, les névralgies et les névroses de tous genres sont venues se joindre aux phtisies, aux scrophules, à la psore, à l'épilepsie, à la paralysie, à la goutte... En outre les fléaux atmosphériques, les trombes, les inondations, les incendies, les dérangements de température ont augmenté en nombre, intensité et fréquence; et l'on ne peut plus douter de l'inefficacité de l'or et des richesses matérielles extérieures comme *moyen suprême* de *constituer* la paix, la liberté et le bonheur parmi les hommes. L'on ne peut plus douter de la folie de ceux qui cherchent à atteindre un pareil but par de semblables moyens; et l'on doit reconnnaître qu'en agissant ainsi on marche sur les traces des anciennes civilisations qui, arrivées à un haut degré de splendeur industrielle, sont retombées en barbarie.

Enfin l'on voit qu'il en est du travail relatif à l'établissement des impôts et de leur emploi comme de tout autre travail. La question préalable consiste à distinguer les faux et les vrais principes, et, par suite, les recettes et les dépenses li-

cites,—approuvées par la loi de conscience mûrement examinée,—et les recettes et dépenses illicites,—condamnées par cette loi suprême.—Et ce
qui est vrai pour l'état, pour la nation, l'est également pour les individus, les familles, les corporations qui jusqu'à ce jour n'ont généralement pas
suivi la loi de justice et de vérité pour se créer
des revenus et les dépenser.

Les individus et les peuples n'ayant pas ou
ayant fort peu fait usage de leur lumière intérieure ou faculté de pénétrer les pensées de Dieu au
sujet des principales fonctions qu'ils doivent accomplir, ils n'ont pas plus été vrais et justes libé-
raux, légitimistes, monarchistes, républicains....
qu'ils n'ont été vrais et justes économes et éducateurs politiques, moraux et religieux. Ils ont fait
des économies et de la parcimonie lorsqu'il aurait fallu faire de la libéralité et de la prodigalité,
et réciproquement; décernant les honneurs et les
récompenses à la force brutale ou à l'astuce et à
la perfidie, et n'encourageant que très-rarement
l'essor des nobles et la répression des mauvaises
passions.

Sous prétexte de s'opposer aux attaques et aux
envahissements des peuples voisins ils ont créé
d'innombrables armées qu'ils ont généralement
employées à dominer, attaquer et subjuguer ces
peuples, lorsque les circonstances leur ont paru
favorables. Et ils ont glorifié leurs conquérants
qui avec des fleuves de sang ouvraient de larges
débouchés à leur vanité et à leur cupidité, à
leur orgueil ou à leurs vengeances.

Quant à l'intérieur, ils ont créé des armées de
juges, d'avocats, de procureurs, de gardes muni-
cipaux, agents de police, gendarmes, geôliers,
bourreaux; puis au lieu de découvrir leurs propres méfaits et d'implorer avec ferveur l'assistance
divine, soit pour les réparer et n'en plus commet-
tre, soit pour montrer le bon exemple à leurs
semblables et prévenir les délits et les crimes;
ceux-ci se sont principalement attachés à décou-

vrir et à punir les criminels. Pour me servir du langage de Jésus-Christ, ils n'ont pas cherché à voir la poutre qui était dans leur œil et qu'ils auraient d'abord dû enlever, –ce qui les aurait mis à même d'enlever la paille qu'il apercevaient dans l'œil de leur prochain. Et ces juges.... ont eu le cœur et le front de regarder de pareilles fonctions comme honorables et comme définitives !!

Les plus méchants et les plus rusés ont même été jusqu'à calculer que s'ils ne dévoilaient et ne punissaient pas les crimes de leurs semblables, leurs fonctions n'auraient plus d'objet, les intérêts de leurs vices chéris seraient compromis. Dès lors ils ont vu dans les criminels des victimes utiles à ces vils intérêts, et dans les crimes un moyen de faire briller leur détestable talent et une voie pour acquérir de la considération et de l'avancement. Enfin c'est par des motifs semblables que bien souvent les chefs, les dispensateurs des fonctions et des titres de ces misérables sociétés ont fomenté des émeutes pour se maintenir dans leurs postes élevés, ou pour monter encore sur l'échelle de la perversion.

N'ayant pas fait usage de leur lumière intérieure ils ont créé des prisons d'où l'homme sort plus vicieux que lorsqu'il y est entré; des maisons d'instruction et d'éducation qui fournissent aux bagnes leurs plus dangereux criminels; des chaires ou écoles d'administration et de droit public qui pourvoient les villes et les départements d'administrateurs et de directeurs qui ne savent pas se diriger eux-mêmes.

Ils ont créé des justices de paix, des tribunaux de première instance et des cours d'appel offrant selon eux les garanties les plus complètes de *bonne justice.* Cependant cette justice ne concilie presque jamais les parties contendantes et les laisse généralement en état d'hostilité. Elle coupe les mauvais nœuds mais ne les dénoue pas et n'empêche pas non plus qu'il ne s'en forme de nouveaux. De plus elle ne fait rien pour en pro-

duire de bons; elle ne fait rien pour LIER, pour
unir les âmes entr'elles et celles-ci à Dieu. « De-
« puis 60 ans, dit M. Dupin, 80,000 questions
« ont été soumises à l'appréciation de la cour de
« cassation. Ces chiffres en disent assez sur l'im-
« portance de la cour. » Ce qu'ils disent surtout,
c'est l'importance, c'est la gravité du mal et la
négligence que la cour met à y porter remède :
absorbée qu'elle est dans son œuvre de Danaïdes
elle ne jette aucune lumière sur ces questions,
sur ces luttes sans cesse renaissantes comme les
têtes de l'hydre, et elle ne songe en aucune façon
à en tarir la source.

D'autre part ils ont à grands grands frais créé
des écoles de médecine et des hôpitaux où l'on ne
sait guérir aucune maladie grave,-ni phtisie, ni
épilepsie, ni folie, ni paralysie... - et où l'on se
borne souvent à les changer ou à les empirer.

Les hommes présents et passés jugeant de l'indifférence de Dieu à leur égard par leur propre
indifférence pour lui, quelques-uns même dou-
tant de son existence, ils ont généralement cru
agir dans l'ombre, dans l'absence de la lumière
divine et hors des regards ou de l'action du créateur souverain, et toujours ils se sont laissé aller
à leurs passions subversives. Pour s'opposer avec
succès à ces passions et aux délits et crimes
qu'elles engendrent, il faut absolument enlever
la cataracte aux civilisés et leur montrer ces regards et cette action auxquels il n'est pas possible
d'échapper. Il faut leur faire voir que le règne du
mal peut finir s'ils le veulent énergiquement, et
que le seul moyen d'arriver à ce but consiste d'une
part à arracher de leur cœur les insatiables passions qui les brûlent et leur font subir les tortu-
res de l'enfer, et, d'autre part, à allumer les nobles passions qui doivent les embraser d'ineffables
félicités. Alors ils comprendront que toutes leurs
armées peuvent être dissoutes ou transformées,
que la peine de mort peut être abolie, et qu'alors
seulement sera accompli le JUGEMENT DERNIER;

alors seulement l'humanité sera arrivée au terme de ses condamnations. Ils comprendront que lorsqu'ils avaient cru pouvoir anéantir la peine capitale en continuant à se livrer à leurs vices, ils s'étaient abandonnés à une véritable rêverie de leurs cerveaux malades.

Certes ! à l'aspect des guerres sanglantes que de tout temps les hommes se sont livrés, à la vue des crimes et des vices de tout genre dont ils se sont rendus coupables, il faudrait être bien stupide pour soutenir qu'ils possèdent réellement ou qu'ils font usage d'une science gouvernementale. Il est de la dernière évidence que leur science n'est que de l'ignorance, et que c'est seulement lorsqu'ils parviendront à remplacer tous ces désordres par la paix, l'harmonie, le bonheur, qu'ils pourront se vanter de posséder et d'appliquer la science politique, morale et religieuse.

Les Français surtout viennent de donner l'exemple de la plus insigne folie en supprimant de leur code la peine de mort pour crime politique. Ils n'ont pas vu qu'ils mettaient le comble à la liberté illimitée de mal penser et de mal faire, et qu'ils achevaient d'ouvrir la plus large voie à toutes les aveugles ambitions, à toutes les mesquines vanités et aux orgueils les plus ridicules et les plus déplacés. Ils ont agi comme des ivrognes qui décréteraient de ne pas tomber lorsqu'ils s'énivrent, et qui, sous la foi d'une pareille loi, s'abandonneraient complètement à leur passion favorite. C'est ainsi, du reste, qu'agissent ceux qui se décernent mutuellement des brevets d'*inviolabilité*. Le sort de Louis XVI et des représentants inviolables dont les têtes sont tombées sur l'échafaud attestent le peu de valeur de ces lois ; et ils sont bien fous ceux qui s'y fient et qui s'abandonnent à leurs vices et négligent de suivre les prescriptions de leur conscience, voix et loi de Dieu en eux. Bref, de nouveaux autels se sont dressés contre les autels existants, de nouvelles armées subversives se sont levées contre les anciennes et les journées de juin ont établi le bilan des morts fournis par le nouveau système gouvernemental. On doit convenir que, comparé à l'ancien systême, le déficit est effrayant; et il apparaît dans toute son ampleur lorsqu'on considère l'innombrable quantité d'autres maux qui ont accompagné la nouvelle théorie des libertés illimitées prônée par les journalistes.

Ceci constate d'une manière irréfragable l'existence de l'être souverain qui préside à l'exécution de la loi de justice et de vérité, loi à laquelle les hommes ne veulent pas accorder la prépondérance dans le gouvernement de leurs goûts, penchants, passions, facultés; et il est évident que pour obtenir l'investiture de *droits* et avantages réels, — pour conquérir d'heureuses propriétés, — il faut absolument les mériter en étudiant et en remplissant ses *devoirs* envers Dieu, et envers soi-même et ses semblables.

Dans l'idolâtrie du veau d'or où les Français sont tombés, la peine de mort en matière politique est le seul frein capable, non de détruire, mais d'entraver quelque peu le cours de leur vanité et de leur ambition désordonnées. Aussi lord Brougham a-t-il eu raison de dire : « Le décret du « gouvernement provisoire de France abolissant « la peine de mort en matière politique a été « l'objet de beaucoup d'éloges, et on nous a « conseillé d'en faire autant. Quant à moi si la « peine de mort devait disparaître de nos codes, « *je n'aurais pas d'objection à ce qu'on la sup-* « *primât en matière politique;* mais aussi long- « temps qu'elle restera dans nos lois, je serai « d'avis que le crime auquel elle doit surtout être « appliquée est le crime de haute trahison. Ce « crime a pour but d'amener la guerre civile et « de troubler la paix publique. Un meurtrier ex- « cite dans l'âme de tous ses concitoyens des sen- « timens d'horreur, d'indignation et de mépris. « L'homme qui se rend coupable de haute trahi- « son rencontre au contraire de la faveur parmi

« tous ceux qui partagent ses opinions. On le trai-
« te avec un respect, une sympathie qui sont
« refusés aux malfaiteurs ordinaires. C'est là une
« raison pour moi de désirer que la peine de mort
« continue d'être appliquée à un pareil crime. »

Si les Français avaient eu leur bon sens ils auraient conclu avec lord Brougham que la peine de
mort ne devait pas plus être supprimée pour les
crimes politiques que pour les crimes qualifiés
non politiques, et que pour abolir cette peine
dans tous les ordres de faits, il fallait préalable-
ment opérer la conquête morale de l'Europe,- celle
qu'à Sainte-Hélène Napoléon regrettait de n'avoir
pas accomplie.- En un mot il fallait éclairer les
hommes, leur communiquer la vraie foi au suprême exécuteur de la loi de justice. S'ils avaient
eu leur bon sens ils auraient vu qu'en l'absence
de ces deux freins les individus et les sociétés se
maintiennent dans un état révolutionnaire ou
convulsionnaire permanent, et qu'ils marchent
incessamment à leur destruction, à leur mort.

Quelle que soit la question que l'on veuille se
donner la peine de creuser on trouve toujours au
fond la même solution à savoir que pour mettre
un terme à leurs maux les individus, les familles,
les corporations, les nations doivent absolument
suivre le conseil de Jésus Christ ou celui de Socrate (p. 25). S'agit-il par exemple des intérêts
que bon nombre de personnes considèrent comme
opposés et contraires? on voit que les véritables
intérêts de tous les individus, de toutes les familles, de toutes les corporations, de toutes les
classes sont identiques ; ces intérêts sont que tout
le monde soit consciencieux afin qu'une confiance
durable et méritée s'établisse entre toutes les parties de l'humanité, et entre celle-ci et son créateur. Alors auront lieu partout de nombreuses
spéculations pour l'amélioration des facultés sensuelles, sentimentales et intellectuelles; et la loi
de justice qui n'est pas mieux appréciée par les
marchands d'aujourd'hui que par ceux du temps

de Jésus deviendra la loi politique suprême. Dès lors toutes les opérations commerciales et autres, seront couronnées de succès et toutes les choses dont les hommes ont besoin leur seront données par surcroît. Ceci montre que M. le maréchal Bugeaud n'a pas approfondi cette question des intérêts. Il a dit : « La France entière ne forme en réalité qu'une « grande communauté. Tous nos intérêts ne sont-« ils pas en effet intimement liés ? » Il aurait dû dire que ce sont nos faux intérêts, les intérêts de nos mauvaises passions qui sont intimement liés et qui compriment nos vrais intérêts, ceux de nos belles aspirations, et il en résulte pour la France et l'humanité une communauté de misères... Puis il a dit : « Nous n'avons pas banni le « sentiment de la famille et de la propriété. C'est « ce sentiment là qui forme le grand ressort du « mouvement social. Sans lui tout languirait et « dépérirait dans le monde... en agriculture, par « exemple, la première de nos industries puis-« qu'elle est la vie de la société, qui ferait ces « grands travaux d'avenir dont les fruits ne sont « recueillis que dans 15 ou 20 ans, si l'on n'était « assuré de les laisser à ses enfants ? » M. le maréchal n'a pas vu que ce ne sont pas ces choses mais le *bon sens* ou santé de l'esprit et du cœur dont nos enfants et nous-mêmes avons le plus urgent besoin. Il n'a pas vu que les hommes actuels sont privés du sens du bon et du beau, du juste et du vrai en politique, en morale et en religion, et qu'ils sont fort peu propres à goûter convenablement les richesses matérielles extérieures ; ils abusent constamment de ces richesses qui généralement ne sont pour eux qu'une occasion de donner essor à leurs vices. Il n'a pas vu que c'est le bon sens qui nous fait défaut et qui nous empêche de comprendre que nous devons régler notre amour pour notre famille et pour le veau d'or d'après la loi de justice et de vérité.

Si au lieu de poser la question des intérêts on avait posé celle des voix ou suffrages des individus, des communes, des départements, des nations et de l'humanité, on aurait pareillement distingué les suffrages conformes à la loi de justice divine et ceux qui lui sont contraires, puis on aurait conclu que ces derniers quelques nombreux qu'ils soient sont toujours impuissants à créer la vraie liberté et le bonheur.

Ces explications suffiront sans doute pour vous faire discerner la vraie et la fausse politique; mais seront-elles assez puissantes pour vous décider à pratiquer la politique vraiment divine, morale, religieuse, et à abandonner la politique ignorante, immorale et irréligieuse suivie par les hommes actuels? je l'espère, et, afin de vous y engager davantage j'ajouterai que si l'individu ne peut être heureux que lorsqu'il est consciencieux (p. 12 1/4), il n'est possible de fonder, de *constituer* le bonheur particulier que lorsqu'on *constitue* le bonheur public; et si l'Assemblée nationale veut fonder la vraie république qui n'est pas autre chose que le bonheur public, il faut qu'elle rende tout le monde consciencieux. Dès lors elle doit favoriser le travail véridique de la presse en votant la loi que je propose.

M'objecterez-vous que l'Assemblée est liée; qu'elle ne doit faire que la loi électorale, la loi sur le conseil d'Etat, la loi sur la responsabilité du président et des ministres, et le budget de 1849?—Je réponds que, dans l'intérêt bien entendu de tout le monde, l'Assemblée peut délier et dénouer ce qu'elle a mal noué et mal lié; elle peut réparer ses fautes et renaître à une nouvelle vie; elle peut conquérir sa propre confiance, celle de Dieu et de la France qu'elle a perdue pour n'avoir pas rempli son mandat, pour n'avoir pas constitué le bonheur public et particulier. — D'ailleurs n'en est-il pas des lois qu'elle doit encore faire comme de tout travail à exécuter? et n'est-il pas évident que si elle ne consulte pas mûrement la loi suprême de justice et de vérité écrite au fond de toutes les consciences, les lois à confectionner seront mauvaises ? Et par exemple, la judicature continuera son travail de Danaïdes (p. 37 1/4); tandis que si l'Assemblée reconnaît réellement et proclame la loi de justice divine pour loi suprême, le conseil d'état s'occupera avant tout de conformer son code à cette loi, et, pour l'avantage des parties contendantes, celle-ci lui servira également à résoudre les questions qui lui seront soumises et qui n'auront pas été suffisamment éclairées et réglées par les tribunaux de première instance et les cours d'appel.

Ainsi la France recouvrera peu à peu son bon sens, et désormais les journalistes, les clubistes et tous les ambitieux de bas étage ne rechercheront plus les fonctions supérieures, car le public sera à même de discerner, dans les paroles et les actes des faux publicistes, les mesquines passions qui prédominent en eux. Dès lors ceux-ci n'oseront se poser comme modèles et comme guides que lorsqu'ils auront détruit leur présomption et développé leurs plus belles facultés. Alors ce sera par devoir et parce que noblesse oblige qu'ils consentiront à se placer aux postes élevés, car ils seront convaincus que l'homme ne peut être heureux que lorsqu'il accomplit des œuvres désirées par ses semblables ralliés à Dieu.

En attendant et pour ôter dès aujourd'hui toute inquiétude aux satisfaits, aux heureux, à ceux qui, comme on dit, ont une position assurée, — position fort peu assurée comme vient de le montrer la dernière révolution, — le gouvernement s'attachera à ne détruire que ce qui est nuisible à tout le monde et à ne rien bouleverser. Dès lors chacun sera maintenu dans son poste ; mais comme nombre de fonctionnaires se trouveront peu propres à remplir leurs nouveaux devoirs et seront disposés à essayer leurs facultés dans des industries pour lesquelles ils se sentiront une vocation plus décidée, de raisonnables indemnités leur seront accordées, ce qui sera facile, car on pourra conserver provisoirement les impôts : les contribuables seront à même de les supporter en raison de l'accroissement du crédit et de la diminution progressive et rapide des procès et des luttes de tout genre qu'amènera inévitablement l'adoption de la VRAIE LOI DE CONSTITUTION donnée par Dieu à l'humanitéet à chacun de ses membres.

Quant au président de la république, les suffrages que le peuple Français lui a donnés sont un irrécusable témoignage de confiance, et il doit être disposé à s'en rendre digne et à travailler efficacement à son bonheur. Mais il doit comprendre que ces voix ne donnent pas la vraie science gouvernementale; il doit savoir que les nombreux et persévérants suffrages donnés à son oncle ne l'ont pas garanti des défections et n'ont pas empêché sa transportation à Sainte-Hélène. Il doit comprendre qu'il ne peut être heureux s'il n'est consciencieux et si ses parents, amis et compatriotes ne le sont pas. D'autre part le peuple Français ne peut être heureux et consciencieux si les autres peuples de la terre, avec lesquels il est dans le cas d'avoir des relations, ne le sont pas eux-mêmes. Si donc L. Bonaparte est inspiré par une grande et légitime ambition, il adoptera pour lui-même, pour la France et vis-à-vis de tous les peuples le seul système gouvernemental, la seule politique intérieure et extérieure capable d'engendrer le bonheur, et il méritera et obtiendra le titre de LIBÉRATEUR ou SAUVEUR de l'humanité.

Note B (p. 17, fin).

D'après le journal officiel de Washington, le commodore Jones croit que le moment n'est pas loin où il sera nécessaire d'avoir à sa disposition des forces capables de réprimer les désordres, les excès et les crimes produits par une fièvre de gain qui ne porte pas seulement la perturbation dans les services réguliers, mais qui trouble, déplace, confond et bouleverse toutes les existences et toutes les professions (*Presse* du 9 février). Je ferai remarquer que ceci n'infirme en rien les faits rapportés antérieurement. Cela montre seulement le pouvoir du veau d'or à tout désorganiser chez les êtres qui ne prennent pas la loi de justice et de vérité pour règle suprême de conduite.

Chalon-sur-Saône, imp. Montalan.

Au moyen que je propose pour émanciper la presse, on m'objecte que si l'on accordait à tout citoyen le droit de discussion contradictoire tel que je le demande, il en résulterait une multitude d'insertions (1) fort embarrassantes pour les journalistes, très-fatigantes pour les lecteurs, et la liberté d'exprimer ses opinions serait complètement entravée. Je réponds que le travail politique de la presse est non consciencieux, non éclairé, nuisible à elle-même et à tout le monde; et il s'agit 1° de lui opposer toutes les entraves favorables à sa métamorphose en travail consciencieux, et 2° de lui montrer quelques échantillons de ce travail. Alors si les journalistes continuent à offrir au public de mauvaises pensées et des doctrines ténébreuses et subversives comme celles qu'ils répandent aujourd'hui, où sera le mal qu'ils perdent leurs abonnés et que leurs sottes élucubrations ne soient ni lues ni payées par le public? et si quelques-uns comprennent les heureux enseignements qu'on leur donne, s'ils veulent réellement remplir le rôle de bons éducateurs politiques et réaliser la liberté de leurs semblables et d'eux-mêmes, ils auront recours à leur lumière intérieure pour découvrir, enseigner et appliquer la vraie science gouvernementale. Alors ils n'avanceront généralement que des propositions incontestables, et qui ne peuvent *raisonnablement* être réfutées (2). Puis ils n'agiront pas comme

---

(1) Ces insertions pourraient se faire par ordre de dates.

(2) On ne s'est jamais avisé de vouloir prouver que le carré fait sur l'hypoténuse d'un triangle rectangle n'est pas égal en surface à la somme des carrés construits sur les deux autres côtés; on n'a jamais essayé non plus de prouver que l'attraction planétaire ne s'exerce pas en raison directe des masses et inverse du carré des distances; et

les francs-mauvais éducateurs qui recommandent de faire ce qu'ils disent et non ce qu'ils font, ni comme les éducateurs hypocrites et tout aussi mauvais qui prétendent faire ce qu'ils conseillent et ne le font pas.—Les uns et les autres se mettent en perpétuelle contradiction avec leurs paroles et leurs actes ; c'est une situation maladive très-pénible à l'état aigu et très - fâcheuse lorsqu'elle est arrivée à l'état chronique. Bref ils comprendront l'utilité de présenter dans chaque journal des travaux politiques consciencieux à côté de ceux qui ne le sont pas, afin que les lecteurs puissent comparer et choisir. C'est dans ce but que j'ai donné d'aussi grands développements à ma pétition. J'ai voulu montrer un type de travail consciencieux, et faire voir par des exemples de quelle manière on peut émanciper la presse, car jusqu'à ce jour toutes les tentatives faites pour la rendre raisonnable ont échoué : « Dans l'espace de 15 « années de 1814 à 1830 , la censure est proclamée 5 fois et 5 fois elle est abolie ; la liberté de « la presse est suspendue et rétablie 4 fois....... « *les sévérités de la répression ne servent qu'à* « *constater son impuissance ;* tous les moyens « enfin , sont alternativement et infructueusement « essayés ; tous trahissent la confiance mise en « eux, tous n'enfantent que la déception du pou- « voir et la résistance du pays , si bien que tant « de lois et tant de rigueurs n'aboutissent qu'à ce « mémorable aveu d'un gouvernement à l'agonie , « d'un gouvernement à la veille d'une révolution, « aveu tardif consigné au moniteur du 25 juillet « 1830 : la PRESSE PÉRIODIQUE n'a pas même rem-

---

lorsque seront connus les théorêmes que j'ai établis sur les droits et les devoirs de l'homme envers lui-même, envers ses semblables et son créateur, ainsi que la limite entre la liberté et la licence ou séparation entre le travail permis et le travail défendu, ces propositions ne donneront pas davantage matière à discussion, parce qu'elles sont, comme les théorêmes géométriques et astronomiques, fondées sur la logique et l'expérience.

« pli sa plus essentielle condition, celle de la
« PUBLICITÉ.—Ce qui est étrange, mais ce qui est
« vrai à dire, c'est qu'il n'y a pas de publicité en
« France, en prenant ce mot dans sa juste et ri-
« goureuse acception.

« Dans l'état des choses, les faits, quand ils ne
« sont pas entièrement supposés, ne parviennent
« à la connaissance de plusieurs millions de lec-
« teurs que tronqués, défigurés, mutilés de la
« manière la plus odieuse.—Un épais nuage élevé
» par les journaux dérobe la vérité, intercepte en
« quelque sorte sa lumière entre le gouvernement
« et les peuples. » (*Presse* du 15 mars 1849). (1)

La loi du 9 septembre 1835 donne bien à tous
les dépositaires de l'autorité publique le droit d'insérer des rectifications dans les journaux. En outre
la faculté d'établir des débats contradictoires en
présence des mêmes juges est journellement pra-
tiquée dans les assemblées législatives et dans les
assemblées judiciaires ou tribunaux; mais à quoi
sert une pareille faculté tant que les parties contendantes et les avocats, les juges et le public
s'accordent tous à méconnaître la loi suprême
écrite par Dieu dans toutes les consciences? et
quant aux dépositaires de l'autorité publique ils
ont été comme leurs adversaires, avides surtout de
richesses et d'honneurs temporels, et ils n'est pas
surprenant qu'ils aient peu produit de lumière
spirituelle, mais j'ose espérer que le présent travail
fera reconnaître leur tort à plusieurs d'entr-eux,
et leur fera comprendre que l'on doit surtout se pré-
occuper de la vie de l'âme parce que la vie du corps
lui est subordonnée et parce que celle-ci ne peut
jamais être assurée tant que la vie animique est
incertaine, et tant que l'homme n'a pas pénétré
les vues de Dieu au sujet de ses devoirs ou fonctions qu'il doit remplir sur terre. Les gouvernants
étant mus tout autant que les gouvernés par
d'égoïstes et aveugles passions, ils n'écoutent pas
Dieu qui leur prescrit incessamment de dompter
leur mauvais penchants, et celui-ci ne doit pas

les investir de facultés propres à produire des rectifications claires, précises et vraiment capables d'éclairer et d'édifier les individus et les nations. Dans leurs luttes avec ceux qui leur font opposition, soit dans l'assemblée, soit dans la presse ou dans les clubs, ils ne montrent nullement leur supériorité morale et spirituelle. Bref ils sont impuissants à vaincre moralement leurs adversaires.

Or tant que les gouvernants ne seront pas capables de convaincre de mauvaise foi ou de foi ignorante et aveugle les prédicateurs des fausses doctrines politiques, tant qu'ils ne pourront montrer leurs contradictions perpétuelles et leur pauvreté spirituelle en se mettant eux mêmes dans le cas de n'être pas surpris en flagrant délit de contradictions et d'erreurs, les faux publicistes continueront la guerre et feront de nombreux prosélytes parce qu'ils font appel aux mauvaises passions. Et il est évident que si les gouvernants veulent vaincre définitivement l'émeute et faire cesser toute opposition hostile dans la nation et l'humanité, s'ils veulent métamorphoser cet antagonisme en opposition émulative et bienveillante, ils doivent CONSTITUER la vraie puissance morale en devenant vertueux et en enrôlant sous leurs drapeaux tous les gens vertueux. Tant qu'ils n'agiront pas de la sorte, leurs adversaires jetteront partout le désordre et la démoralisation.

Que les gouvernants ne se contentent donc pas de demander au public, à la garde nationale et à l'armée l'assistance physique; que les uns et les autres se demandent et se prêtent l'assistance morale et spirituelle, et qu'ils acceptent pour eux-mêmes et donnent à tout citoyen le droit et le devoir de combattre les faux socialistes dans la presse et dans les clubs, et l'ordre moral et physique ne tardera pas à remplacer partout l'anarchie. Que les représentants adoptent cette ligne de conduite, c'est le meilleur moyen d'assurer leur réélection.

Erratum. P. 9, l. 4, efface un des mots : pour

Chalon-sur-Saône, imp. Montalan.

www.ingramcontent.com/pod-product-compliance
Lightning Source LLC
Chambersburg PA
CBHW061314050726
47594CB00004B/1701